교과서에 나오는
고사성어 익힘책 1
故事成語 (ㄱ~ㅅ)

고사성어는 지혜의 등불, 언어의 소금!

교과서에 나오는
고사성어 익힘책 1
故事成語 (ㄱ~ㅅ)

김광남 엮음

창해

이 익힘책은 인문정신으로 가는 첫걸음

위대한 역사가 사마천은 3천 년을 다룬 역사서 《사기》를 통해 언어, 즉 말과 글의 중요성을 무척이나 강조했습니다. 사마천은 풍자와 유머스러운 말로 권력자의 잘못에 대해 충고했던 연예인의 일화를 다룬 〈골계열전〉 첫머리에서 "말이 아주 잘 들어맞으면 다툼도 해결할 수 있다"고 했습니다. "말 한마디로 천 냥 빚을 갚는다"는 우리 속담을 떠올리게 하는 명언입니다.

한나라 때 학자 양웅(揚雄, 기원전 53~기원후 18)은 대표적인 저서 《법언(法言)》〈문신(問神)〉편에서 "말은 마음의 소리요(언심성야言心聲也), 글은 마음의 그림(서심화야書心畵也)이다"라는 참으로 기가 막힌 명언을 남겼습니다.

훗날 서예가들과 학자들은 이 대목을 빌린 다음 한 글자만 바꾸어 '언위심성(言爲心聲), 서위심화(書爲心畵)'로 표현합니다. 뜻은 같습니다. 양웅은 이 대목 바로 다음에 "소리(말)와 그림을 보면 군자와 소인이 드러난다(성화형聲畵形, 군자소인현의君子小人現矣)"고도 했습니다.

말과 글이 오염된 시대를 살고 있습니다. 말과 글이 이렇게 오염된 가장 근본적인 원인은 인문학 공부의 부족 때문입니다. 좁혀 말하자면 좋은 말을 듣지 않고, 좋은 글을 읽지 않는다는 것이지요.

특히 독서의 부족과 손으로 직접 쓰면서 생각하지 않는 공부가 결정적입니다. 주로 영상을 통한 저질 정보와 세상을 어지럽히는 천박한 말과 글에 중독되어 있습니다. 사람들은 힘든 삶에 짜증을 내며 갈수록 자극적인 말과 글에 마음이 홀립니다. 이럴 때일수록 차분

한 말과 글, 그리고 좀 더 깊은 생각이 필요합니다. 스스로를 저질과 천박이라는 불결한 늪에 빠뜨릴 까닭이 무엇일까요?

저는 늘 '말의 격, 즉 언격(言格)이 인격(人格)이고, 그 사람의 말과 글이 품격(品格)을 결정합니다'라고 말합니다. 평소 쓰는 그 사람의 말이 곧 그 사람이 어떤 사람인지를 보여준다는 뜻이지요.

이번에, 화순인문학교육협회 김광남 회장께서 초·중·고 교과서에 수록된 고사성어 189항목을 모아 익힘책을 만들었습니다. 뜻깊은 고사성어 189개의 뜻풀이, 의미, 출처, 중국어 발음 등을 알기 쉽게 정리했습니다. 특히, 손으로 직접 써볼 수 있는 칸을 만들어 독자들이 고사성어의 뜻과 의미를 생각하면서 직접 써볼 수 있게 배려했습니다.

여기에 심화학습 칸과 해당 고사성어를 어디에 어떻게 활용하면 좋을까 생각해 볼 수 있는 기회까지 마련했습니다. 독자들은 눈으로 보고, 입으로 읽고, 손으로 직접 써보면서 각각의 고사성어들이 갖고 있는 의미와 좋은 정보를 얻어 갈 수 있습니다. 여기서 한 걸음 더 나아가 심화학습(Deep Learning)을 통해 각각의 고사성어에 들어 있는 흥미롭고 유익한 옛이야기, 즉 고사(故事)를 찾아서 공부하기를 권합니다.

사실, 꾸준한 공부는 지루하고 많이 힘듭니다. 하지만 이 과정을 거치면 훨씬 나은 사람이 될 수 있습니다. 읽고, 쓰고, 생각하고, 찾고, 탐구하는 공부는 지금처럼 급변하는 세상을 보다 슬기롭게, 사람답게 살아갈 수 있는 힘이 됩니다.

최근 전 세계를 깜짝 놀라게 만든 중국의 오픈AI 딥시크(Deep Seek)의 중국 이름은 '심도 구색(深度求索)'입니다. 깊게 헤아리고 끝까지 탐구한다는 뜻입니다. 가장 앞서가는 과학 분야의 이름이지만 그 이름 안에는 인문정신이 충만합니다. 어떤 과학 기술도 인문정신이 뒷받침되지 않으면 인간을 해치는 무기가 되기 쉽습니다.

여러분들이 손에 든 이 익힘책은 그런 인문정신으로 가는 첫걸음이 될 것입니다. 즐거운 마음으로 공부하십시오. 공자의 말씀대로 즐기는 사람에게 당할 사람은 없답니다.

2025년 3월
한국사마천학회 김영수 교수 드림

고사성어 학습의 첫걸음은
그 의미를 이해하고 삶 속에서 활용하는 것

고사성어(故事成語)는 단순한 한자 숙어가 아닙니다. 그것은 시대를 넘어 인간의 지혜와 경험이 응축된 정신적 유산입니다.

이러한 고사성어를 단순한 암기가 아니라 실용적 사고의 도구로 활용할 수 있도록 돕는 책이 바로 《교과서에 나오는 고사성어 익힘책》입니다.

이 책은 한국사마천학회 김영수 이사장의 《알고 쓰자 고사성어》의 실용서로써, 초·중·고 교과서에서 자주 등장하는 고사성어를 중심으로 실생활에서 활용할 수 있도록 구성되었습니다. 단순한 뜻풀이를 넘어 출전과 역사적 맥락을 깊이 탐구하며, 필사와 심화학습, 그리고 익힘 문제를 통해 독자들이 자기 언어로 내면화할 수 있도록 돕습니다.

무엇보다 이 책이 더욱 의미 있는 이유는, 한국의 변방이라 할 수 있는 전남 화순에서 청소년과 지역 주민들에게 인문학의 향기를 피우고 있는 저자 김광남 회장의 헌신과 노고가 담겨 있기 때문입니다.

화순인문학교육협회 회장이자, 시니어인재개발원 화순지부의 복합문화공간 〈터〉를 운영하는 그는, 인문학을 통해 지역과 세대를 연결하며 배움의 기쁨을 전하고 있습니다. 그의 열정과 노력이 있었기에, 이 책은 단순한 학습서를 넘어 시대를 관통하는 지혜의 길잡이가 될 수 있습니다.

고사성어 학습의 첫걸음은 그 의미를 이해하고 삶 속에서 활용하는 것입니다.

이 책이야말로 그 여정을 위한 든든한 동반자가 되어줄 것입니다. 저자인 김광남 회장의 귀한 노력이 많은 이들에게 널리 전해지기를 바라며, 이 책의 출간을 진심으로 축하드립니다.

2025년 3월

박영하(한국시니어인재개발원 이사장, 교육학 박사)

어렵게만 느껴지는 한자를 보다 '쉽고 재밌게' 접근시킨 책

'나비 효과'를 기대하며

사람이 아름다운 고장 화순에는 전국 최초로 민간인 주도의 '화순인문학교육협회'가 만들어졌고, 그 주된 사업 중의 하나가 학생들을 대상으로 하는 인문학(人文學) 교육, 특히 '한자 교육'을 무료로 시행하고 있습니다. 그리고 초·중·고등학교의 국어와 문학을 비롯한 전 교과목 교과서에 나타난 사자성어(四字成語)와 고사성어(故事成語)를 정리하고 알기 쉽게 해설한 《알고 쓰자 고사성어(도서출판 창해, 김영수 지음)》라는 책이 출판되었으며, 이 책을 바탕으로 2024년 11월에는 화순군 관내 전체 초·중·고교생을 대상으로 '제1회 화순군 청소년 고사성어 경연대회'를 개최하여 학생과 학부모들에게 큰 호응을 받았습니다. 그리고 차제에 어렵게만 느껴지는 한자를 보다 '쉽고 재밌게' 접근하고 주지시키기 위하여 《교과서에 나오는 고사성어 익힘책》을 발간하게 되었으니, 이 책은 물론 고사성어 경연대회가 전국적으로 확산되기를 기대합니다.

왜 잘못된 '한글 전용'으로 어린 학생들이 피해를 보아야 합니까?

최근 뉴스를 비롯한 각종 언론에서 학생들은 물론 성인들에게 이르기까지 '문해력(文解力 ; 글을 읽고 이해하는 능력) 추락' 문제를 심심치 않게 다루고 있습니다. 그리고 이 문제의 심각성을 강조하기 위하여 실생활에서 일어나는 여러 가지 실례를 들어 설명하는 것을 보면 씁쓸함을 넘어 화가 납니다. 몇몇 전문가들마저도 이 문제의 근본 원인과 해결 방법을 알고 있으면서도 외면하고 변죽을 울리며 책임을 회피하는 '그럴듯한 말장난(?)', 격화소양(隔靴搔癢 ; 신을 신고 발바닥을 긁음)으로 일관하고 있습니다. 한글 전용론자들과 한자 병용론자들의 논쟁에는 타협과 양보가 없는 우리 사회의 극단적인 일면을 보여주고 있습니다. 그런 사이에 우리 학생들에게만 문해력 추락의 책임을 돌리고 있습니다. 성인들을 포함한 학생들은 소위 '한자 비교육세대'라고 변명(?)에 급급하게 하고 있습니다.

한글은 지상 최고의 문자입니다. 그러나 언어문화는 '쇠뿔'이 아닙니다.

현재 우리 사회의 위기 두 가지를 들라고 하면 첫째는 '인문학(人文學)의 위기'이고, 다른 하나는 바로 서두에서 말한 '문해력(文解力)의 위기'입니다. 화순인문학교육협회에서는 이 두 가지 위기를 동시에 해결할 일석이조(一石二鳥)의 효과를 거두고자 합니다. 한글의 우수성을 부정하거나 폄훼하려는 것이 아닙니다. '쇠뿔은 단김에 뽑아야 한다.'는 속담이 있습니다. 그러나 언어문화는 결코 쇠뿔이 아니니, 쇠뿔을 바로 잡으려다 소를 죽이는[교각살우(矯角殺牛)] 누를 범하지 말아야 합니다. 국어사전의 단어 70%는 한자어(漢字語)라는 사실을 외면하지 말아야 합니다. '교과서에 나오는 고사성어 익힘책'의 발간이 작은 디딤돌이 되기를 간절히 바랍니다.

2025년 3월 '삼지재(三芝齋)한문학연구실'에서
양현승(문학박사, 전 국민대학교 교수)

머리말

책을 펴내며

"천 리 길도 한 걸음부터(千里之行始於足下)"

　무슨 일이나 그 일의 시작이 중요하다는 의미로, 작은 실천의 힘이나 목표를 향한 지속적인 노력을 강조하는 고사성어(故事成語)입니다. 거대한 성취도 결국은 작은 한 걸음에서 시작되며, 꾸준한 노력이 쌓여야 비로소 결실을 맺을 수 있습니다.

　이처럼 독자 여러분이 이 책을 통해서 고사성어의 세계로 내딛는 첫걸음은, 단순한 어휘력 향상을 넘어서 앞으로 여러분의 삶에서 다양한 도전 과제를 극복하는 데 필요한 정신적 지침이자, 지혜의 등불이요, 언어의 소금이 되어줄 것입니다.

　먼저, 《교과서에 나오는 고사성어 익힘책》은 《알고 쓰자 고사성어》(도서출판 창해, 김영수 지음)의 실용서임을 독자분들께 알려드립니다. 이 책은 초·중·고 교과서에 자주 등장하는 고사성어를 중심으로 구성하여 초·중·고 학생들의 교과 학습은 물론 어휘력, 문해력, 독서력 증진에 큰 도움을 줄 것이며, 또한 '인문고사성어지도사(교육부 인증 민간자격증)' 취득에 대비하는 교재로도, 나아가 성인들의 일상생활에서 언어의 품격을 한층 높이는 데 기여할 것입니다.

　특히, 1권과 2권에서는 각 '고사성어의 간단한 뜻풀이', '고사성어가 지니는 의미', '교과서 출처', '원전 또는 출전' 등의 정보를 제공하여 고사성어 익힘책으로써 활용할 수 있는 핵심 내용을 담았습니다.

또한 독자들이 고사성어 의미를 되새기며 필사하면서 한 번 더 생각하고, 오래 기억할 수 있도록 쓰기 공간을 최대한 많이 확보했습니다. 더 나아가 '심화학습'을 통해 실제 생활에서 고사성어를 어떻게 시의적절하게 사용할지를 생각하고, 작문하고, 말할 수 있는 다양한 질문을 함께 제공함으로써 고사성어가 단순한 학습 대상이 아니라 재미있고 흥미로운 탐구 대상이 될 수 있도록 구성하였습니다.

3권에서는 전문 교수님들이 출제한 고사성어 '익힘문제', 그중에서 양질의 문제들을 엄선하여 재구성한 '연습문제', 그리고 화순인문학교육협회, 한국사마천학회 인문고사성어교육연구소가 개최한 2024년 '제1회 화순군 청소년 고사성어 경연대회'의 지필고사 및 골든벨 대회에서 실제 출제된 '기출문제'를 담아서, 독자들이 다양한 문제 풀이를 통한 학습 점검 및 반복 학습이 가능하도록 하였습니다.

고사성어는 그냥 단순한 옛말이 아닙니다. 그것은 오랜 세월 동안 전해 내려오며 사람들의 삶 속에서 축적된 지혜의 결정체입니다. 시대가 변해도 변하지 않는 삶의 원칙과 교훈이 담겨 있으며, 우리가 어떻게 생각하고 행동해야 하는지를 가르쳐줍니다.

하여(何如), 고사성어를 배우고 익히는 것은 단순히 새로운 단어를 습득하는 것이 아니라 인생을 살아가는 지혜를 배우는 것과 다름없습니다. 여러분도 이 책을 통해 고사성어의 세계로 한 걸음씩 정진하면서 그 속에 숨겨진 가치를 발견하는 즐거움을 느껴보시길 바랍니다.

끝으로 책이 나오기에 많은 조언과 도움을 주신 한국사마천학회 김영수 교수님과 도서출판 창해 황인원 대표님께, 그리고 제1회 고사성어 경연대회에서 기꺼이 출제 및 심사위원을 맡아주신 양현승 교수님, 최동규 교수님, 정연우 교수님, 유영 교수님과 절강대학 김요섭, 서강대학 손문영 군에게도 참으로 감사함을 표하며, 또한 지금까지 화순인문학교육협회에 후원을 아끼지 않으시는 이사님들과 회원님들, 지승규 원장님, 구난영 원장님, 그리고 물심양면으로 늘 지지해주시는 서순복 교수님과 정현석 후원회장님, 사랑하는 가족에게도 지면을 빌려 진심으로 고마움을 전합니다.

작년 11월 7일. 뜻하지 않은 교통사고를 당한 이후로 새로운 삶을 허락하시고 인도하시는 에벤에셀 하나님께 감사드리며 지금까지 지내온 것 주의 크신 은혜임을 고백합니다.

호학심사심지기의(好學深思心知其意)

고사성어, 그 속에 숨겨진 지혜의 보물 창고를 지금 열어보시길 바랍니다. 감사합니다.

2025년 봄날, 만연학당에서
萬淵 김광남 올림

001. 가화만사성 家和萬事成

중국어 발음 jiā hé wàn shì chéng 지아−흐어−완−스−청

뜻풀이 집안이 화목(和睦)하면 모든 일이 잘 이루어진다.

의미 집안의 화목이 가정뿐만 아니라 인간관계, 사회관계에 영향이 미친다는 점을 강조한 성어이다.

교과서 중학교 한문 출전 《이십년목도지괴현상(二十年目睹之怪現象)》

家	和	萬	事	成
집 가	화목할 화	일만 만	일 사	이룰 성
家	和	萬	事	成

심화학습

'가족, 가정'과 관련된 고사성어 더 모아보기

'가화만사성'이 들어간 나만의 문장 만들어보기

002. 감언이설 甘言利說

중국어 발음 gān yán lì shuō 간-옌-리-쑤어

뜻풀이 달콤하고 이로운 말

의미 귀가 솔깃하도록, 또는 마음이 움직이도록 비위를 맞추거나 이로운 조건을 들어 꾀는 말

교과서 초등학교   **출전** 한국식 사자성어

甘	言	利	說
달 **감**	말씀 **언**	이로울 **리**	말씀 **설**
甘	言	利	說

심화학습

한국 사회에 '보이스피싱' 범죄가 만연한 현상을 '감언이설'과 연결지어 생각해보고 의견을 짧게 써보기

'감언이설'이 들어간 나만의 문장 만들어보기

003. 개과천선 改過遷善

중국어 발음 gǎi guò qiān shàn 까이-구어-첸-샨

뜻풀이 잘못을 고치고 착하게 변함.

의미 지난 잘못이나 허물을 고치고 바르고 착하게 변한 것을 말한다.

교과서 초등학교 5-1 국어 연계   출전 《주역(周易)》'익(益)' 괘

改	過	遷	善
고칠 **개**	지날 **과**	옮길 **천**	착할 **선**
改	過	遷	善

심화학습

《주역(周易)》에 대해 좀 더 알아보기

잘못을 하고, '개과천선'을 해본 경험을 짧게 써보기

'개과천선'이 들어간 나만의 문장 만들어보기

004. 거어고미, 내어방호 去語固美, 來語方好

중국어 발음 qù yǔ gù měi, lái yǔ fāng hǎo 취-위-구-메이, 라이-위-팡-하오
뜻풀이 가는 말이 고와야 오는 말이 곱다.

의미 자신이 하기에 따라 상대의 반응이 결정된다는 비유이다.
교과서 중학교 한문 출전 《백언해(百諺解)》;《이담속찬(耳談續纂)》

去	語	固	美
갈 거	말씀 어	진실로 고	아름다울 미
去	語	固	美

來	語	方	好
올 래	말씀 어	바야흐로 방	좋을 호
來	語	方	好

심화학습

《이담속찬(耳談續纂)》에 대해 좀 더 알아보기

'거어고미, 내어방호'가 들어간 나만의 문장 만들어보기

21

005. 견강부회 牽強附會

중국어 발음 qiān qiáng fù huì 치엔-치앙-푸-후이

뜻풀이 억지로 끌어다 갖다 붙임

_____

의미 말도 안 되는 논리를 어거지로 끌어다가 자기주장의 근거로 삼는 것을 비유한다.

교과서 고등학교 한문   출전 증박(曾朴),《얼해화(孽海花)》

牽	強	附	會
이끌 견	강할 강	붙을 부	모일 회
牽	強	附	會

심화학습

우리나라 언론사의 기사 및 칼럼들 중 '견강부회'의 사례 찾아보기

'견강부회'가 들어간 나만의 문장 만들어보기

22

006. 견물생심 見物生心

중국어 발음 jiàn wù shēng xīn 지앤-우-셩-씬

뜻풀이 실물을 보면 욕심이 생긴다.

───────────────

의미 갖고 싶어 하던 물건을 눈으로 직접 보면 갖고 싶은 마음이 생긴다는 뜻을 가진 사자

  성어이다.

교과서 초등학교 4-2 사회연계   출전 한국식 사자성어

見	物	生	心
볼 **견**	물건 **물**	날 **생**	마음 **심**
見	物	生	心

심화학습

탐스러운 물건을 앞에 두고, '견물생심'했던 경험을 짧게 써보기

'견물생심'이 들어간 나만의 문장 만들어보기

007. 결자해지 結者解之

중국어 발음 jié zhě jiě zhī 지에-저-지에-즈

뜻풀이 묶은 사람이 푼다.

의미 자신이 한 일은 자신이 해결해야 한다는 뜻의 사자성어이다.

교과서 초등학교 출전 《순오지(旬五志)》

結	者	解	之
맺을 **결**	놈 **자**	풀 **해**	어조사 **지**
結	者	解	之

심화학습

잘못이나 실수했을 때, 책임감을 가지고 '결자해지'해본 경험을 짧게 써보기

'결자해지'가 들어간 나만의 문장 만들어보기

008. 결초보은 結草報恩

중국어 발음 jié cǎo bào ēn 지에-차오-빠오-언

뜻풀이 풀을 묶어 은혜에 보답하다.

의미 은혜를 베푼 은인이 전투에서 위기에 처하자 풀을 묶어 매듭을 만들어 적의 수레와 말이 걸려 넘어지게 하여 위 기를 벗어나게 했다는 고사에서 나온 성어이다.

교과서 초등학교 4-2 국어 연계   출전 《좌전(左傳)》

結	草	報	恩
맺을 **결**	풀 **초**	갚을 **보**	은혜 **은**
結	草	報	恩

심화학습

감사한 사람에게, '결초보은'했던 경험을 짧게 써보기

'결초보은'이 들어간 나만의 문장 만들어보기

009. 경거망동 輕擧妄動

중국어 발음 qīng jǔ wàng dòng 칭-쥐-왕-똥

뜻풀이 가볍게 멋대로 행동하다.

––––––––––––

의미 도리나 사정을 생각하지 않고 함부로 가볍게 말하고 행동한다는 뜻이다.

교과서 초등학교 4-1 국어 연계   출전 《한비자(韓非子)》〈해로(解老)〉

輕	擧	妄	動
가벼울 **경**	들 **거**	망령될 **망**	움직일 **동**
輕	擧	妄	動

심화학습

《한비자(韓非子)》에 대해 좀 더 알아보기

신중해야 할 상황에서, '경거망동'했던 경험을 짧게 써보기

'경거망동'이 들어간 나만의 문장 만들어보기

010. 계포일낙 季布一諾

중국어 발음 jì bù yí nuò 지-부-이-눠

뜻풀이 계포의 한 번의 승낙(약속)

의미 한 번 약속한 것은 반드시 지키는 계포의 신의를 통해 약속의 중요성을 강조한 성어이다.

교과서 고등학교 한문 출전《사기(史記)》〈계포난포열전(季布欒布列傳)〉

季	布	一	諾
계절 **계**	베 **포**	한 **일**	허락할 **낙**
季	布	一	諾

심화학습

'계포일낙'이 유래된 일화를 알아보고 간략히 요약해보기

약속을 끝까지 지키기 위해 노력해본 경험을 짧게 써보기

011. 고군분투 孤軍奮鬪

중국어 발음 gū jūn fèn dǒu 구-쥔-펀-떠우

뜻풀이 외로운 군대가 온 힘을 다해 싸우다.

의미 후원도 없이 고립된 상황에서 온 힘을 다해 싸우는 것을 비유하는 성어이다. 홀로 여럿을 상대로 힘겹게 싸울 때도 사용한다.

교과서 고등학교 한문

출전 《위서(魏書)》〈조하전(趙瑕傳)〉 ; 《수서(隋書)》〈우경칙전(虞慶則傳)〉 외

孤	軍	奮	鬪
외로울 고	군사 군	떨칠 분	싸움 투
孤	軍	奮	鬪

심화학습

다른 사람의 도움 없이 혼자서 '고군분투'했던 경험을 짧게 써보기

'고군분투'가 들어간 나만의 문장 만들어보기

012. 고식지계 姑息之計

중국어 발음 gū xī zhī jì 구—씨—즈—지

뜻풀이 당장 편한 것만 택하는 꾀.

의미 주로 근본적인 해결책이 아니라 당장 쉽고 편한 방법이나 임시로 꾸며내는 계책을
　　　비유하는 성어이다.

교과서 고등학교 한문   출전 《예기(禮記)》;《자치통감(資治通鑑)》

姑	息	之	計
시어미 **고**	어린아이 **식**	어조사 **지**	셈 **계**
姑	息	之	計

심화학습

《예기(禮記)》에 대해 좀 더 알아보기

당장의 위기를 모면하기 위해서 '고식지계'를 내어본 경험을 짧게 써보기

'고식지계'가 들어간 나만의 문장 만들어보기

013. 고장난명 孤掌難鳴

중국어 발음 gū zhǎng nán míng 구-장-난-밍
뜻풀이 손바닥 하나로는 소리가 나지 않는다.

___

의미 손바닥으로 소리를 내려면 두 손바닥을 마주쳐야 한다. 혼자 힘으로 일을 해내기 어려운 경우를 비유한다.

교과서 고등학교 한문   출전 《한비자》〈공명(功名)〉 편 《동주열국지(東周列國志)》

孤	掌	難	鳴
외로울 **고**	손바닥 **장**	어려울 **난**	울 **명**
孤	掌	難	鳴

심화학습

협력의 중요성을 '고장난명'을 사용해서 짧게 써보기

'고장난명'이 들어간 나만의 문장 만들어보기

014. 고진감래 苦盡甘來

중국어 발음 kǔ jìn gān lái 쿠−진−간−라이

뜻풀이 고생이 다하면 좋은 날이 온다.

_____

의미 우리 속담처럼 되어 버린 '고생 끝에 낙이 온다'가 바로 '고진감래' 이다. 어렵고 힘들
더라도 견디며 최선을 다하면 좋은 결과를 얻을 수 있다는 뜻이다.

교과서 초등학교 3−2 도덕 연계/중학교 한문   출전 《서상기(西廂記)》; 《서유기(西遊記)》 외

苦	盡	甘	來
쓸 고	다할 진	달 감	올 래
苦	盡	甘	來

심화학습

《서상기(西廂記)》에 대해 좀 더 알아보기

고생 끝에 낙이 왔던 경험을 짧게 써보기

'고진감래'가 들어간 나만의 문장 만들어보기

015. 공문십철 孔門十哲

중국어 발음 kǒng mén shí zhé 콩-먼-스-즈어

뜻풀이 공자 문하 10인의 뛰어난 제자.

의미 공자의 제자들 중 각 방면에서 뛰어난 재능을 보인 10명의 제자를 일컫는 말.

교과서 고등학교 한문   **출전** 《논어(論語)》 ; 《사기(史記)》

孔	門	十	哲
구멍 **공**	문 **문**	열 **십**	밝을 **철**
孔	門	十	哲

심화학습

'공문십철'에 해당하는 공자의 제자 10인을 찾아 써보고, 가장 본받고 싶은 인물 1인을 골라 생애를 적어보기

016. 공중누각 空中樓閣

중국어 발음 kōng zhōng lóu gé 쿵–중–러우–거

뜻풀이 공중에 지은 누각

의미 공중에 지은 집처럼 근거나 토대가 아주 없는 사물이나 생각을 비유하는 성어이다.

교과서 고등학교 한문   출전 《주자어류(朱子語類)》외《사기》〈천관서(天官書)〉

空	中	樓	閣
빌 공	가운데 중	다락 루	집 각
空	中	樓	閣

심화학습

《주자어류(朱子語類)》에 대해 좀 더 알아보기

터무니 없는 생각을 하거나 계획을 세워본 경험을 짧게 써보기

'공중누각'이 들어간 나만의 문장 만들어보기

017. 과유불급 過猶不及

중국어 발음 guò yóu bù jí 꾸어-요우-부-지

뜻풀이 지나친 것과 미치지 못한 것은 같다.

의미 사람이나 사물이 지나치거나 모자라 균형을 잃으면 안 된다는 뜻이다.

교과서 초등학교 3-1 사회연계 / 중학교 한문   출전 《논어》〈선진〉 편

過	猶	不	及
지날 **과**	오히려 **유**	아닐 **불**	미칠 **급**
過	猶	不	及

심화학습

《논어》〈선진〉 편에서 '과유불급'이 유래된 구절을 찾아 써보기

지나치게 행동하여 일을 그르쳐 본 경험을 짧게 써보기

'과유불급'이 들어간 나만의 문장 만들어보기

018. 관포지교 管鮑之交

중국어 발음 guǎn bào zhī jiāo 구안-빠오-즈-지아오

뜻풀이 관중과 포숙의 사귐(우정).

의미 춘추시대 제나라의 관중과 포숙의 참된 우정을 나타내는 사자성어.

교과서 고등학교 한문   출전 《열자(列子)》〈역명(力命)〉; 《사기》〈관안열전〉

管	鮑	之	交
대롱 **관**	절인 물고기 **포**	어조사 **지**	사귈 **교**
管	鮑	之	交

심화학습

'관포지교'가 유래된 일화를 알아보고 간략히 요약해보기

참된 우정을 몸소 느꼈던 경험을 짧게 써보기

019. 광음여류 光陰如流

중국어 발음 guāng yīn rú líu 구앙-인-루-리우

뜻풀이 세월(시간)이 흐르는 물과 같다.

의미 시간이 빠르게 지나가는 것을 비유하는 사자성어.

　　　*광음(光陰) : 햇빛과 그늘, 즉 낮과 밤이라는 뜻, 시간이나 세월을 이르는 말.

교과서 중학교 한문

출전 〈여제상서복야양준언서(與齊尙書僕射楊遵彦書)〉;《수호전(水滸傳)》외

光	陰	如	流
빛 **광**	그늘 **음**	같을 **여**	흐를 **류**
光	陰	如	流

심화학습

유독 시간이 빠르게 지나가는 느낌이 들었던 경험을 짧게 써보기

'광음여류'가 들어간 나만의 문장 만들어보기

020. 교각살우 矯角殺牛

중국어 발음 jiǎo jiǎo shā niú 지아오–지아오–쌰–니우

뜻풀이 소뿔을 바로잡으려다 소를 죽이다.

의미 작은 흠이나 문제를 고치려다가 일을 그르치는 것을 비유하는 성어이다.

교과서 초등학교 / 고등학교 한문   출전 일본식 성어

矯	角	殺	牛
바로잡을 **교**	뿔 **각**	죽일 **살**	소 **우**
矯	角	殺	牛

심화학습

작은 문제를 해결하려다 더 큰 일을 그르쳐 본 경험을 짧게 써보기

'교각살우'가 들어간 나만의 문장 만들어보기

021. 교우이신 交友以信

중국어 발음 jiāo yǒu yǐ xìn 지아오-요우-이-씬

뜻풀이 믿음으로 벗을 사귀어라.

의미 벗을 사귈 때는 서로 믿음을 바탕으로 삼아야 한다는 뜻이다.

교과서 초등학교 5-1 국어 연계   출전 《삼국유사(三國遺事)》, 《삼국사기(三國史記)》

交	友	以	信
사귈 교	벗 우	써 이	믿을 신
交	友	以	信

심화학습

《삼국유사(三國遺事)》에 대해 좀 더 알아보기

'친구'와 관련된 고사성어를 3개 더 찾아서 써보기

022. 교학상장 教學相長

중국어 발음 jiào xué xiāng zhǎng 지아오-쉬에-샹-쨩

뜻풀이 가르침과 배움이 함께 성장한다.

의미 가르치면서 배우고 배우면서 가르치면 서로 성장할 수 있다는 뜻이다.

교과서 중학교 한문 출전 《예기(禮記)》

教	學	相	長
가르칠 **교**	배울 **학**	서로 **상**	길 **장**
教	學	相	長

심화학습

서로 가르치고 배우면서 같이 성장해본 경험을 짧게 써보기

'교학상장'이 들어간 나만의 문장 만들어보기

023. 구상유취 口尙乳臭

중국어 발음 kǒu shàng rǔ xiù 커우-샹-루-씨우

뜻풀이 입에서 아직 젖내가 난다.

─────────────

의미 언행이 여전히 유치하다는 상대를 낮춰보는 비유임.

교과서 고등학교 한문　**출전** 《한서(漢書)》〈고제기(高帝紀)〉

口	尙	乳	臭
입 **구**	오히려 **상**	젖 **유**	냄새 **취**
口	尙	乳	臭

심화학습

《한서(漢書)》에 대해 좀 더 알아보기

'구상유취'가 들어간 나만의 문장 만들어보기

024. 국사무쌍 國士無雙

중국어 발음 guó shì wú shuāng 구어-스-우-쑤앙

뜻풀이 나라에 둘도 없는 인재.

의미 조직이나 나라의 운명을 좌우할 정도로 대단한 인재를 비유하는 사자성어이다.

교과서 고등학교 한문　**출전** 《사기》〈회음후열전〉

國	士	無	雙
나라 **국**	선비 **사**	없을 **무**	두 **쌍**
國	士	無	雙

심화학습

대한민국의 '국사무雙'이라고 생각하는 인물을 3명 적어보기

'국사무雙'을 사용하여 미래에 대한 나의 당찬 포부를 적어보기

025. 군계일학 群鷄一鶴

중국어 발음 qún jī yī hè 췬-지-이-허

뜻풀이 닭 무리 속의 학 한 마리.

의미 평범한 사람들 중에 뛰어난 한 사람이 섞여 있음을 비유하는 성어이다.

교과서 고등학교 한문

출전 《진서(晉書)》〈혜소전(稽紹傳)〉;《세설신어(世說新語)》〈용지(容止)〉

群	鷄	一	鶴
무리 군	닭 계	한 일	학 학
群	鷄	一	鶴

심화학습

《진서(晉書)》에 대해 좀 더 알아보기

'군계일학'이 들어간 나만의 문장 만들어보기

026. 권선징악 勸善懲惡

중국어 발음 quàn shàn chéng è 취앤–샨–청–어

뜻풀이 좋은 일은 권하고 나쁜 일은 징계함.

의미 역사가의 역사서술 태도로 좋은 일이나 착한 사람은 표창하고, 나쁜 일이나 간신들
은 징벌해야 한다는 이른바 '춘추필법(春秋筆法)'의 하나다.

교과서 초등학교 5-1 국어연계   출전 《좌전(左傳)》

勸	善	懲	惡
권할 **권**	착할 **선**	징계할 **징**	악할 **악**
勸	善	懲	惡

심화학습

착한 사람은 상을 받고, 나쁜 사람은 벌을 받은 사례를 짧게 써보기

'권선징악'이 들어간 나만의 문장 만들어보기

027. 금란지계 金蘭之契

중국어 발음 jīn lán zhī qì 진-란-즈-치

뜻풀이 쇠와 난초의 맺음.

의미 단단한 쇠와 향기로운 난처럼 오래도록 변치 않고 아름다운 우정을 비유하는 사자성
어이다.

교과서 고등학교 한문 출전 《세설신어(世說新語)》외

金	蘭	之	契
쇠 금	난초 란	어조사 지	맺을 계
金	蘭	之	契

심화학습

《세설신어(世說新語)》에 대해 좀 더 알아보기

'금란지계'가 들어간 나만의 문장 만들어보기

028. 금시초문 今始初聞

중국어 발음 jīn shǐ chū wén 진-스-추-원

뜻풀이 지금 처음 듣는 이야기.

_____

의미 이전에는 들어보지 못한 이제 막 처음으로 듣는 소리를 나타내는 사자성어이다.

교과서 초등학교   **출전** 한국식 사자성어로 추정

今	時	初	聞
이제 **금**	때 **시**	처음 **초**	들을 **문**
今	時	初	聞

심화학습

들어보지 못한 소리를 갑자기 듣게 되어 당황했던 경험을 짧게 써보기

'금시초문'이 들어간 나만의 문장 만들어보기

029. 금의야행 錦衣夜行

중국어 발음 jǐn yī yè xíng 진-이-이에-씽

뜻풀이 비단옷을 입고 밤길을 다니다.

의미 어떻게든 자랑하지 않으면 생색이 나지 않음을 비유하는 고사성어이다.

교과서 고등학교 한문 출전 《사기》

錦	衣	夜	行
비단 **금**	옷 **의**	밤 **야**	다닐 **행**
錦	衣	夜	行

심화학습

'금의야행'의 동의어 및 '금의야행'에서 파생된 성어를 찾아 적어보기

'금의야행'이 들어간 나만의 문장 만들어보기

030. 기고만장 氣高萬丈

중국어 발음 qì gāo wàn zhàng 치-까오-완-장

뜻풀이 기가 만 길이나 뻗치다.

　　＊장(丈) : 10척이나 미터법의 3.03m에 해당하는 길이 단위.

의미 오만함이 하늘을 찌를 정도라는 비유이다.

교과서 초등학교 6학년 도덕 연계   출전 일본식 사자성어

氣	高	萬	丈
기운 **기**	높을 **고**	일만 **만**	길이 단위 **장**
氣	高	萬	丈

심화학습

기가 하늘을 찔러 오만하게 행동했던 경험을 짧게 써보기

'기고만장'이 들어간 나만의 문장 만들어보기

031. 난공불락 難攻不落

중국어 발음 nán gōng bú luò 난-공-부-루어

뜻풀이 공격하기가 어려워 함락되지 않는다.

의미 맞서는 힘이 워낙 강해 상대하기 어렵거나 또는 그런 상대를 가리키는 성어이다.

교과서 초등학교 5-1 국어 연계   출전 일본식 사자성어

難	攻	不	落
어려울 **난**	칠 **공**	아닐 **불**	떨어질 **락**
難	攻	不	落

심화학습

'난공불락'이 사용된 기사 제목을 찾아 써보고, 주로 어떤 상황에서 쓰이는 지 간략히 써보기

'난공불락'이 들어간 나만의 문장 만들어보기

032. 난형난제 難兄難弟

중국어 발음 nán xiōng nán dì 난-슝-난-디

뜻풀이 형이라 하기도 어렵고 아우라 하기도 어렵다.

의미 두 사물이나 사람이 비슷하여 낫고 못함을 가리기 어렵다는 것을 비유하는 성어이다.

교과서 고등학교 한문   출전 《세설신어(世說新語)》

難	兄	難	弟
어려울 **난**	형 **형**	어려울 **난**	아우 **제**
難	兄	難	弟

심화학습

《세설신어(世說新語)》에서 '난형난제'가 유래된 이야기를 요약하여 써보기

'난형난제'가 들어간 나만의 문장 만들어보기

033. 낭중지추 囊中之錐

중국어 발음 náng zhōng zhī zhuī 낭—중—즈—쮜이

뜻풀이 자루 속 송곳.

의미 끝이 뾰족한 송곳은 자루 속에 들어 있어도 언젠가는 자루를 뚫고 나오듯이 뛰어난
재능을 가진 인재는 눈에 띄기 마련이라는 비유의 성어이다.

교과서 고등학교 한문   출전 《사기》〈평원군우경열전〉

囊	中	之	錐
주머니 **낭**	가운데 **중**	어조사 **지**	송곳 **추**
囊	中	之	錐

심화학습

《사기》〈평원군우경열전〉에서 '낭중지추'가 유래된 일화를 요약하여 써보기

'낭중지추'가 들어간 나만의 문장 만들어보기

034. 노심초사 勞心焦思

중국어 발음 láo xīn jiāo sī 라오-씬-지아오-스

뜻풀이 몸은 지치고 애를 태우다.

___

의미 몸과 마음이 힘들고 마음은 초조하여 애가 타는 모습을 비유하는 성어이다.

교과서 초등학교 5-1 국어 연계   출전 《사기》〈하본기〉

勞	心	焦	思
수고로울 **로**	마음 **심**	탈 **초**	생각 **사**
勞	心	焦	思

심화학습

아주 위태로운 상황에서 '노심초사'했던 경험을 짧게 써보기

'노심초사'가 들어간 나만의 문장 만들어보기

035. 농부아사, 침궐종자 農夫餓死, 枕厥種子

중국어 발음 nóng fū è sǐ, zhěn jué zhǒng zi 농-푸-으어-스, 쪈-쥐에-종-즈

뜻풀이 농부는 굶어죽을지언정 그 씨앗을 베고 눕는다.

의미 농사를 짓는 농부에게 종자는 생명과 같아 굶어서 죽더라도 씨앗은 먹지 않는다는
     것을 표현한 우리 속담이다.

교과서 고등학교 한문   출전 《이담속찬(耳談續纂)》

農	夫	餓	死
농사 **농**	지아비 **부**	주릴 **아**	죽을 **사**
農	夫	餓	死

枕	厥	種	子
베개 **침**	그 **궐**	씨 **종**	아들 **자**
枕	厥	種	子

심화학습

'농부아사, 침궐종자'를 통해 얻을 수 있는 교훈을 간략히 써보기

036. 누란지위 累卵之危

중국어 발음 lěi luǎn zhī wēi 레이–루안–즈–웨이

뜻풀이 층층이 쌓은 알의 위태로움.

의미 곧 무너질 것 같은 아슬아슬한 위기 상황을 비유하는 성어이다.

교과서 고등학교 한문   출전 《사기》〈범수채택열전〉외

累	卯	之	危
쌓을 **루**	알 **란**	어조사 **지**	위태할 **위**
累	卯	之	危

심화학습

《사기》〈범수채택열전〉에서 '누란지위'라는 말이 등장하게 된 배경을 간략히 써보기

'누란지위'가 들어간 나만의 문장 만들어보기

037. 다다익선 多多益善

중국어 발음 duō duō yì shàn 뚜어-뚜어-이-샨

뜻풀이 많으면 많을수록 좋다.

의미 오만한 성격을 비유하는 성어라는 점에 유의할 필요가 있다.

교과서 초등학교 4-2 사회연계   출전《사기》〈회음후열전〉

多	多	益	善
많을 다	많을 다	더할 익	좋을 선
多	多	益	善

심화학습

'다다익선'은 우리가 생각하는 뜻과 다르게 오만한 성격을 드러내는 말로부터 유래되었다.
유래된 이야기를 찾아 써보며 이해해보자.

'다다익선'이 들어간 나만의 문장 만들어보기

038. 다재다능 多才多能

중국어 발음 duō cái duō néng 뚜어-차이-뚜어-넝

뜻풀이 재주와 능력이 많다.

의미 여러 방면에서 남다른 재능을 가진 사람을 비유하는 성어이다.

교과서 초등학교 3-1 국어연계 출전 《상서(尙書)》〈금등(金縢)〉

多	才	多	能
많을 **다**	재주 **재**	많을 **다**	능할 **능**
多	才	多	能

심화학습

《상서(尙書)》에 대해 좀 더 알아보기

'다재다능'이 들어간 나만의 문장 만들어보기

039. 다정다감 多情多感

중국어 발음 duō qíng duō gǎn 뚜어-칭-뚜어-간

뜻풀이 정이 많고 감정이 풍부하다.

의미 사물이나 사람에 대해 애틋한 정이 많고 느낌이 풍부함을 일컫는 성어이다.

교과서 중학교 한문 출전 〈유초청(柳梢靑)〉 외

多	情	多	感
많을 다	뜻 정	많을 다	느낄 감
多	情	多	感

심화학습

'다정다감'하면 떠오르는 주변 사람을 3명 이상 써보기

'다정다감'이 들어간 나만의 문장 만들어보기

040. 단기지계 斷機之戒

중국어 발음 duàn jī zhī jiè 뚜안-지-즈-지에

뜻풀이 베틀 북을 끊는 경계.

의미 공부를 게을리 한 어린 맹자를 깨치게 하려고 베틀 북을 끊어버린 맹자 어머니와 관련된 고사이다.

교과서 고등학교 한문   출전 《열녀전(列女傳)》;《삼자경(三字經)》

斷	機	之	戒
끊을 **단**	틀 **기**	어조사 **지**	경계할 **계**
斷	機	之	戒

심화학습

'단기지계'가 유래된 일화를 알아보고 간략히 요약해보기

맹자 어머니의 교육관을 알 수 있는 고사성어를 더 찾아 써보기

041. 담호호지, 담인인지 談虎虎至, 談人人至

중국어 발음 tán hǔ hǔ zhì, tán rén rén zhì 탄-후-후-즈, 탄-런-런-즈

뜻풀이 호랑이를 말하면 호랑이가 오고, 사람을 말하면 그 사람이 온다.

의미 얘기를 하는데 공교롭게 그 사람이 나타나는 것을 비유하는 우리 속담으로 당사자가

　　　없다고 말을 함부로 하지 말라는 경계의 뜻을 담고 있다.

교과서 중학교 한문 출전 《순오지(旬五志)》

談	虎	虎	至
말씀 담	범 호	범 호	이를 지
談	虎	虎	至
談	人	人	至
말씀 담	사람 인	사람 인	이를 지
談	人	人	至

심화학습

'담호호지, 담인인지'를 통해 얻을 수 있는 교훈을 간략히 써보기

042. 당랑거철 螳螂拒轍

중국어 발음 táng láng jù zhé 당-랑-쥐-저

뜻풀이 사마귀가 수레를 막아서다.

의미 자기 힘은 생각하지 않고 강한 상대에게 무모하게 대드는 행위를 비유하는 성어이다.

교과서 고등학교 한문   출전 《장자(莊子)》 외

螳	螂	拒	轍
사마귀 **당**	사마귀 **랑**	막을 **거**	바큇자국 **철**
螳	螂	拒	轍

심화학습

《장자(莊子)》에 대해 좀 더 알아보기

'당랑거철'이 들어간 나만의 문장 만들어보기

043. 대기만성 大器晩成

중국어 발음 dà qì wàn chéng 다-치-완-청

뜻풀이 큰 그릇은 늦게 이루어진다.

의미 크게 될 인재는 오랜 단련이 필요하므로 인재로 성장하는데 시간이 걸린다는 비유이다.

교과서 초등학교 / 고등학교 한문   출전 《노자(老子)》 외

大	器	晩	成
큰 대	그릇 기	늦을 만	이룰 성
大	器	晩	成

심화학습

《노자(老子)》에 대해 좀 더 알아보기

'대기만성'을 통해 얻을 수 있는 교훈을 간략히 써보기

044. 대의명분 大義名分

중국어 발음 dà yì míng fēn 따—이—밍—펀

뜻풀이 큰 의리와 명분.

의미 사람으로서 마땅히 지켜야 할 도리나 본분.

교과서 초등학교 한문   출전 일본식 사자성어

大	義	名	分
큰 대	옳을 의	이름 명	나눌 분
大	義	名	分

심화학습

'대의명분'이 들어간 나만의 문장 만들어보기

본인이 생각하는 '대의명분'의 덕목을 3가지 골라 써보기

045. 도원결의 桃園結義

중국어 발음 táo yuán jié yì 타오-위엔-지에-이

뜻풀이 복숭아 나무 동산에서 의형제를 맺음.

의미 유비, 관우, 장비가 의형제를 맺은 고사를 나타내는 성어이다.

교과서 고등학교 한문 출전 《삼국지연의》

桃	園	結	義
복숭아 **도**	동산 **원**	맺을 **결**	옳을 **의**
桃	園	結	義

심화학습

《삼국지연의》에 대해 좀 더 알아보기

'도원결의'가 들어간 나만의 문장 만들어보기

046. 독목불성림 獨木不成林

중국어 발음 dú mù bù chég lín 두-무-뿌-청-린

뜻풀이 나무 한 그루로는 숲을 이룰 수 없다.

의미 혼자서는 힘이 부쳐 누군가 도와야 큰일을 할 수 있음을 비유하는 성어이다.

교과서 중학교 한문   출전 〈달지(達旨)〉

獨	木	不	成	林
홀로 **독**	나무 **목**	아닐 **불**	이룰 **성**	수풀 **림**
獨	木	不	成	林

심화학습

'협력'과 관련된 고사성어를 3개 찾아 써보기

'독목불성림'이 들어간 나만의 문장 만들어보기

047. 동가홍상 同價紅裳

중국어 발음 *tóng jià hóng cháng* 통－지아－홍－챵

뜻풀이 같은 값이면 붉은 치마.

의미 같은 조건이라면 보기 좋은 것을 갖고 싶어 하는 심리를 비유하는 성어이다.

교과서 고등학교 한문   출전 우리 속담으로 《동언해》에 수록 / 일본어 사전에도 등재

同	價	紅	裳
한가지 **동**	값 **가**	붉을 **홍**	치마 **상**
同	價	紅	裳

심화학습

《동언해》에 대해 좀 더 알아보기

'동가홍상'이 들어간 나만의 문장 만들어보기

048. 동고동락 同苦同樂

중국어 발음 tóng kǔ tóng lè 퉁—쿠—퉁—러

뜻풀이 괴로움과 즐거움을 함께한다.

의미 어려울 때나 좋을 때나 늘 같은 마음으로 함께 도우며 살아가는 사이를 비유한다.

교과서 초등학교 5학년 도덕 연계 / 중학교 한문   출전 《전국책(戰國策)》

同	苦	同	樂
한가지 **동**	쓸 **고**	한가지 **동**	즐길 **락**
同	苦	同	樂

심화학습

《전국책(戰國策)》에 대해 좀 더 알아보기

괴로움과 즐거움을 함께한 경험을 '동고동락'을 사용하여 짧게 써보기

049. 동문서답 東問西答

중국어 발음 dōng wén xī dá 똥-원-씨-다

뜻풀이 동쪽을 묻는 데 서쪽으로 답한다.

의미 묻는 것에는 아랑곳 않고 엉뚱한 답을 말하는 것을 비유한다.

교과서 초등학교 한문 출전 한국식 사자성어

東	問	西	答
동녘 **동**	물을 **문**	서녘 **서**	대답 **답**
東	問	西	答

심화학습

'동문서답'과 반대의 뜻을 가진 고사성어를 찾고, 그 뜻을 적어보기

'동문서답'이 들어간 나만의 문장 만들어보기

050. 동병상련 同病相憐

중국어 발음 tóng bìng xiāng lián 퉁-빙-씨앙-리엔

뜻풀이 같은 병을 앓는 사람끼리 서로 가엾게 여긴다.

의미 같은 처지에 놓인 사람들끼리 서로 불쌍히 여겨 돕는 관계를 비유하는 성어이다.

교과서 초등학교 6-1 국어 연계 출전 《오월춘추(吳越春秋)》

同	病	相	憐
한가지 **동**	병 **병**	서로 **상**	불쌍히 여길 **련**
同	病	相	憐

심화학습

'동병상련'이 들어간 나만의 문장 만들어보기

2014년 시진핑 방한 때 나온 고사성어에 대해 알아보기

051. 동분서주 東奔西走

중국어 발음 dōng bēn xī zǒu 똥-번-씨-저우

뜻풀이 동쪽으로 뛰고 서쪽으로 달린다.

의미 이리저리 몹시 바쁘게 다니는 것을 비유하는 성어이다.

교과서 고등학교 한문 출전《심원춘(沁園春)》

東	奔	西	走
동녘 **동**	달릴 **분**	서녘 **서**	달릴 **주**
東	奔	西	走

심화학습

'동분서주'할 만큼 바쁘게 살았던 경험을 짧게 써보기

'동분서주'가 들어간 나만의 문장 만들어보기

052. 동상이몽 同床異夢

중국어 발음 tóng chuáng yì mèng 통-추앙-이-멍

뜻풀이 같은 침상에서 다른 꿈을 꾸다.

___

의미 겉으로는 같이 행동하면서 서로 다른 생각을 하고 있음을 비유하는 성어이다.

교과서 초등학교 6-1 국어연계 / 고등학교 한문 출전 〈여주원회비서서(與朱元晦祕書書)〉

同	床	異	夢
한가지 **동**	평상 **상**	다를 **이**	꿈 **몽**
同	床	異	夢

심화학습

조별 활동을 하면서 조원들과 '동상이몽'해본 경험이 있다면 짧게 써보기

'동상이몽'이 들어간 나만의 문장 만들어보기

69

053. 등용문 登龍門

중국어 발음 dēng lóng mén 덩-롱-먼

뜻풀이 용문에 오르다.

의미 어려운 관문을 통과하여 크게 출세하거나 성공한 것을 비유하는 성어이다.

교과서 고등학교 한문 출전 《후한서(後漢書)》

登	龍	門
오를 **등**	용 **용**	문 **문**
登	龍	門

심화학습

독서실이나 학원에서 이름을 '등용문'으로 짓는 경우를 쉽게 볼 수 있는데, 이유가 무엇일
지 생각해보기

'등용문'이 들어간 나만의 문장 만들어보기

054. 등하불명 燈下不明

중국어 발음 dēng xià bù míng 덩—시아—뿌—밍

뜻풀이 등잔 밑이 어둡다.

의미 가까이에 있는 사물이나 일에 대해 잘 모르는 것을 비유하는 우리 속담이다.

교과서 중학교 한문 출전 《동언해(東言解)》,《백언해(百諺解)》

燈	下	不	明
등 **등**	아래 **하**	아닐 **불**	밝을 **명**
燈	下	不	明

심화학습

어떤 물건을 가까이 두고도 찾지 못했던 경험이 있다면 짧게 써보기

'등하불명'이 들어간 나만의 문장 만들어보기

055. 마이동풍 馬耳東風

중국어 발음 mǎ ěr dōng fēng 마-얼-동-펑

뜻풀이 말 귀에 부는 동쪽 바람.

의미 남의 비판이나 의견에 아랑곳 않은 채 흘려버리고 무시하는 경우를 비유하는 성어이다.

교과서 초등학교   출전 〈답왕십이한야독작유회(答王十二寒夜獨酌有懷)〉

馬	耳	東	風
말 **마**	귀 **이**	동녘 **동**	바람 **풍**
馬	耳	東	風

심화학습

이백의 시 〈답왕십이한야독작유회(答王十二寒夜獨酌有懷)〉에서, '마이동풍'이 유래된 구절을
찾아 써보기

'마이동풍'이 들어간 나만의 문장 만들어보기

056. 마행처, 우역거 馬行處, 牛亦去

중국어 발음 mǎ xíng chǔ niú yì qù 마-씽-추-니우-이-취

뜻풀이 말 가는 데 소도 간다.

―――――

의미 다른 사람이 하는 일은 나도 할 수 있다는 비유이다.

교과서 중학교 한문   출전 《순오지》, 《열상방언》, 《동언해》

馬	行	處
말 마	다닐 행	곳 처
馬	行	處

牛	亦	去
소 우	또 역	갈 거
牛	亦	去

심화학습

'마행처, 우역거'를 통해 얻을 수 있는 교훈을 간략히 써보기

057. 막상막하 莫上莫下

중국어 발음 mò shāng mò xià 머-샹-머-씨아

뜻풀이 위도 아니고 아래도 아니다.

의미 우열이나 승부를 가리기 어려울 때를 비유하는 성어이다.

교과서 중학교 한문   출전 한국식 사자성어로 추정

莫	上	莫	下
없을 막	위 상	없을 막	아래 하
莫	上	莫	下

심화학습

'막상막하'와 유사한 의미를 가진 고사성어 더 찾아 써보기

'막상막하'가 들어간 나만의 문장 만들어보기

74

058. 맹모삼천 孟母三遷

중국어 발음 mèng mǔ sān qiān 멍–무–싼–치엔

뜻풀이 맹자 어머니가 세 번 이사하다.

의미 자식의 교육을 위해 세 번이나 이사한 맹모의 고사에서 비롯된 성어이다.

교과서 고등학교 한문   출전《열녀전(列女傳)》;《삼자경(三字經)》

孟	母	三	遷
맏 **맹**	어미 **모**	석 **삼**	옮길 **천**
孟	母	三	遷

심화학습

한국의 '교육격차' 문제를 '맹모삼천'과 연결지어 생각해보고 의견을 짧게 써보기

'맹모삼천'이 들어간 나만의 문장 만들어보기

059. 명실상부 名實相符

중국어 발음 míng shí xiāng fú 밍-스-씨앙-푸

뜻풀이 명성과 실제가 일치하다.

의미 알려진 것(명성)과 실제 상황(또는 실력)이 같을 경우를 가리키는 성어이다.

교과서 초등학교 / 고등학교 한문   출전 〈여왕수서(與王修書)〉

名	實	相	符
이름 **명**	열매 **실**	서로 **상**	부호 **부**
名	實	相	符

심화학습

'명실상부'가 사용된 기사 제목을 찾아 써보고, 주로 어떤 상황에서 쓰이는 지 간략히 써보기

'명실상부'가 들어간 나만의 문장 만들어보기

060. 명재경각 命在頃刻

중국어 발음 mìng zài qǐng kè 밍-짜이-칭-커

뜻풀이 목숨이 순간에 달려 있다.

의미 행동이나 일이 극히 짧은 시간에 이루어져야 한다는 것을 비유하는 성어이다.

교과서 고등학교 한문   출전 한국식 변형 사자성어

命	在	頃	刻
목숨 **명**	있을 **재**	잠깐 **경**	새길 **각**
命	在	頃	刻

심화학습

'명재경각'이 사용된 기사 제목을 찾아 써보고, 주로 어떤 상황에서 쓰이는 지 간략히 써보기

'명재경각'이 들어간 나만의 문장 만들어보기

061. 모수자천 毛遂自薦

중국어 발음 máo suì zì jiàn 마오-수이-즈-지앤

뜻풀이 모수가 스스로를 추천하다.

_____

의미 인재가 자신의 능력을 입증하기 위해 타인의 추천이 아닌 자기 스스로를 추천하는
　　　것을 비유하는 고사.

교과서 고등학교 한문 출전 《사기》

毛	遂	自	薦
털 모	드디어 수	스스로 자	천거할 천
毛	遂	自	薦

심화학습

'모수'라는 인물에 대해 알아보고, 왜 스스로를 추천했는지 찾아 써보기

'모수자천'을 통해 얻을 수 있는 교훈을 간략히 써보기

062. 목불식정 目不識丁

중국어 발음 mù bù shí dīng 무-부-스-띵

뜻풀이 눈으로 보고도 '정(丁)' 자를 못 알아보다.

의미 글자를 전혀 모르는 까막눈을 비유하는 성어이다.

교과서 중학교 한문   출전 《구당서(舊唐書)》

目	不	識	丁
눈 **목**	아닐 **불**	알 **식**	못 **정**
目	不	識	丁

심화학습

'목불식정'과 비슷한 의미의 우리나라 속담을 찾아 뜻과 함께 써보기

'목불식정'이 들어간 나만의 문장 만들어보기

063. 무아도취 無我陶醉

중국어 발음 wú wǒ táo zuì 우-워-타오-쭈이

뜻풀이 자신의 존재를 완전히 잊고 흠뻑 취함.

의미 자신이 좋아하는 것에 완전히 정신이 쏠려서 자신조차 잊어버린 상태를 비유하는 성
　　　어이다.

교과서 초등학교　출전 일본식 성어로 추정

無	我	陶	醉
없을 **무**	나 **아**	질그릇 **도**	취할 **취**
無	我	陶	醉

심화학습

'무아도취'할 정도로 자신이 좋아하는 것이 있다면 짧게 써보기

'무아도취'가 들어간 나만의 문장 만들어보기

064. 무용지물 無用之物

중국어 발음 wú yòng zhī wù 우-용-즈-우

뜻풀이 쓸모없는 물건.

의미 아무 쓸모가 없는 물건이나 아무짝에 쓸 데가 없는 사람을 비유하는 성어이다.

교과서 초등학교 4-1 국어연계   출전 일본식 또는 변형된 한국식 사자성어로 추정

無	用	之	物
없을 **무**	쓸 **용**	어조사 **지**	물건 **물**
無	用	之	物

심화학습

'무용지물'이 들어간 나만의 문장 만들어보기

《장자》의 우화(寓話)에 대해 알아보기

065. 문일지십 聞一知十

중국어 발음 wén yī zhī shí 원-우-즈-스
뜻풀이 하나를 들으면 열을 안다.

의미 하나를 듣고 여러 가지를 이해하고 유추하는 능력이나 재능, 또는 그런 사람을 비유하는 성어이다.

교과서 중학교 한문   **출전** 《논어》

聞	一	知	十
들을 **문**	한 **일**	알 **지**	열 **십**
聞	一	知	十

심화학습

《논어》〈공야장〉 편에서 '문일지십'이 유래된 부분의 구절을 찾아 써보기

'문일지십'이 들어간 나만의 문장 만들어보기

066. 미풍양속 美風良俗

중국어 발음 měi fēng liáng sú 메이-펑-량-수

뜻풀이 아름다운 기풍과 좋은 풍속.

의미 오래전부터 전해오는 아름답고 좋은 사회적 기풍과 습속을 일컫는 용어이다.

교과서 중학교 한문   출전 일본식 또는 한국식 사자성어로 추정

美	風	良	俗
아름다울 **미**	바람 **풍**	어질 **량**	풍속 **속**
美	風	良	俗

심화학습

'공공질서·미풍양속'이 등장하는 기사를 찾아보고, 사회에서 제시하는 '미풍양속'의 기준은 어떤 것일지 자신의 생각을 자유롭게 써보기

067. 박장대소 拍掌大笑

중국어 발음 pāi zhǎng dà xiào 파이-쟝-따-씨아오

뜻풀이 손바닥을 치며 큰 소리로 웃다.

의미 아주 기분 좋은 모습을 형용하는 성어이다.

교과서 초등학교 4-1 국어연계   출전《세설신어(世說新語)》외

拍	掌	大	笑
칠 **박**	손바닥 **장**	큰 **대**	웃을 **소**
拍	掌	大	笑

심화학습

'박장대소'할 만큼 아주 크게 웃어봤던 경험이 있다면 짧게 써보기

'박장대소'가 들어간 나만의 문장 만들어보기

068. 박학다식 博學多識

중국어 발음 bó xué duō shí 보-쉬에-뚜어-스

뜻풀이 학문이 넓고 아는 것이 많다.

의미 무엇이든 환히 통하여 모르는 것이 없음을 비유하는 성어이다.

교과서 초등학교 출전 《주자어류(朱子語類)》;《진서(晉書)》외

博	學	多	識
넓을 **박**	배울 **학**	많을 **다**	알 **식**
博	學	多	識

심화학습

학문과 관련한 고사성어에 대해 알아보기

'박학다식'이 들어간 나만의 문장 만들어보기

069. 반구저기 反求諸己

중국어 발음 fǎn qiú zhū jǐ 판-치우-쭈-지

뜻풀이 돌이켜 자기 자신에게서 찾는다.

의미 행동을 해서 원하는 결과가 얻어지지 않더라도 자기 스스로를 돌아보고 반성하여 원
　　　인을 찾아야 한다는 뜻이다.

교과서 중학교 한문   출전 《논어》

反	求	諸	己
돌이킬 **반**	구할 **구**	어조사 **저**	몸 **기**
反	求	諸	己

심화학습

'반구저기'를 통해 얻을 수 있는 교훈과 앞으로의 다짐을 짧게 써보기

'반구저기'가 들어간 나만의 문장 만들어보기

070. 반신반의 半信半疑

중국어 발음 bàn xìn bàn yí 빤-씬-빤-이

뜻풀이 반은 믿고 반은 의심하다.

의미 진짜인지 가짜인지, 거짓인지 진실인지 확정할 수 없는 상황이나 그런 사람 등을 비유할 때 쓰는 성어이다.

교과서 초등학교   출전 〈답석난택무길흉섭생론(答釋難宅無吉凶攝生論)〉

半	信	半	疑
반 **반**	믿을 **신**	반 **반**	의심할 **의**
半	信	半	疑

심화학습

어떤 사실이나 누군가를 믿지 못해 '반신반의'한 경험이 있다면 짧게 써보기

'반신반의'가 들어간 나만의 문장 만들어보기

071. 발분망식 發憤忘食

중국어 발음 fā fèn wàng shí 파-펀-왕-스

뜻풀이 분이 나서 먹는 것도 잊다.

─────────

의미 끼니마저 잊을 정도로 어떤 일에 열중하거나 분을 내는 모습을 비유하는 성어이다.

교과서 고등학교 한문 출전 《논어》

發	憤	忘	食
필 **발**	분할 **분**	잊을 **망**	먹을 **식**
發	憤	忘	食

심화학습

《논어》〈술이〉편에서 '발분망식'이 등장한 부분의 구절을 찾아 써보기

'발분망식'이 들어간 나만의 문장 만들어보기

072. 배수지진 背水之陣

중국어 발음 bèi shuǐ zhī zhèn 뻬이-쑤이-즈-쩐

뜻풀이 물을 등지고 친 진.

의미 더 이상 물러설 수 없는 상황을 만들어 죽기를 각오하고 맞서 싸울 때를 형용하는 고
　　사성어이다.

교과서 고등학교 한문　출전 《사기》

背	水	之	陣
등 배	물 수	어조사 지	진칠 진
背	水	之	陣

심화학습

《사기(史記)》〈회음후열전(淮陰侯列傳)〉에서 '배수지진'이 유래된 일화를 찾아 요약하여 써보기

'배수지진'이 들어간 나만의 문장 만들어보기

073. 백골난망 白骨難忘

중국어 발음 bái gǔ nán wàng 바이-구-난-왕

뜻풀이 죽어서 뼈만 남아도 잊지 못함.

의미 죽어서도 잊지 못한다는 뜻으로 대개 큰 은혜에 감격하여 그 은혜를 잊지 않겠다는
　　　뜻이다.

교과서 초등학교   출전 한국식 사자성어

白	骨	難	忘
흰 **백**	뼈 **골**	어려울 **난**	잊을 **망**
白	骨	難	忘

심화학습

죽을 때까지 잊지 못할 은혜를 받아본 경험이 있다면 짧게 적어보기

'백골난망'이 들어간 나만의 문장 만들어보기

074. 백문불여일견 百聞不如一見

중국어 발음 bǎi wén bù rú yī jiàn 바이-원-부-루-이-지앤

뜻풀이 백 번 듣는 것보다 한 번 보는 것이 낫다.

의미 여러 번의 간접 경험보다 한 번의 직접 경험이 낫다는 비유이다.

교과서 중학교 한문   출전 《한서(漢書)》

百	聞	不	如	一	見
일백 **백**	들을 **문**	아닐 **불**	같을 **여**	한 **일**	볼 **견**
百	聞	不	如	一	見

심화학습

일상에서 '백문불여일견'을 느껴본 경험이 있다면 짧게 써보기

'백문불여일견'이 들어간 나만의 문장 만들어보기

075. 백아절현 伯牙絶絃

중국어 발음 bó yá jué xián 보−야−쥐에−씨앤

뜻풀이 백아가 거문고 줄을 끊다.

의미 죽은 친구를 위해 다시는 연주하지 않겠다는 결심으로 애도한다는 뜻의 고사성어이다.

교과서 고등학교 한문 출전 《열자(列子)》

伯	牙	絶	絃
맏 백	어금니 아	끊을 절	줄 현
伯	牙	絶	絃

심화학습

《열자(列子)》에서 '백아절현'이 유래된 일화를 찾아 요약하여 써보기

'백아절현'이 들어간 나만의 문장 만들어보기

076. 백절불굴 百折不掘

중국어 발음 bǎi zhé bù qū 바이−저−부−취

뜻풀이 백 번 꺾어도 굽히지 않다.

의미 어떤 난관에도 굽히지 않는다는 의지를 나타내는 성어이다.

교과서 고등학교 한문   출전《탁충의공유고서후(卓忠毅公遺稿書後)》

百	折	不	屈
일백 **백**	꺾을 **절**	아닐 **불**	굽힐 **굴**
百	折	不	屈

심화학습

'백절불굴'을 사용하여 앞으로의 내 삶에 있어서 다짐을 짧게 써보기

'백절불굴'과 같은 뜻을 가진 중국 성어에 대해 알아보기

077. 부자자효 父慈子孝

중국어 발음 fù cí zǐ xiào 푸-츠-즈-시아오

뜻풀이 부모는 자애롭고 자식은 효성스럽다.

의미 부모와 자식의 관계가 어떠해야 하는지를 나타낸 성어이다.

교과서 중학교 한문 출전 《예기(禮記)》

父	慈	子	孝
아비 **부**	사랑할 **자**	아들 **자**	효도 **효**
父	慈	子	孝

심화학습

'부자자효'를 통해 얻을 수 있는 교훈을 간략히 써보기

오늘날의 '부자자효' 정신은 어떠한지 점검해보고 의견을 짧게 적어보기

078. 부지기수 不知其數

중국어 발음 bù zhī qí shù 부-즈-치-슈

뜻풀이 그 수를 알 수 없다.

───────────

의미 헤아릴 수 없이 아주 많음을 나타내는 성어이다.

교과서 초등학교 3-1 국어 연계   출전 한국식 사자성어로 추정

不	知	其	數
아닐 **불**	알 **지**	그 **기**	셈 **수**
不	知	其	數

심화학습

'부지기수'가 들어간 나만의 문장 만들어보기

숫자를 나타내는 고사성어에 대해 알아보기

079. 부화뇌동 附和雷同

중국어 발음 fù hé léi tóng 푸-허-레이-통

뜻풀이 우레 소리에 맞추어 함께하다.

의미 자신의 뚜렷한 생각 없이 그저 남이 하자는 대로 따라가는 것을 비유한 성어이다.

교과서 초등학교 5-1 국어 연계   출전 일본식 또는 한국식 사자성어

附	和	雷	同
붙을 부	화할 화	우레 뢰	한가지 동
附	和	雷	同

심화학습

'부화뇌동'과 유사한 의미를 지닌 다양한 말들의 뜻을 찾아 써보기

1) '밴드왜건 효과(bandwagon effect, = 악대차 효과, 편승 효과)' :

2) '집단사고(Groupthink)' :

'부화뇌동'이 들어간 나만의 문장 만들어보기

080. 분골쇄신 粉骨碎身

중국어 발음 fěn gǔ suì shēn 펀-구-쑤이-션

뜻풀이 뼈가 가루가 되고 몸이 부서지다.

의미 온힘을 다해 노력하고 최선을 다하는 것을 비유하는 성어이다.

교과서 초등학교 3-2 국어 연계 **출전** 《곽소옥전(霍小玉傳)》

粉	骨	碎	身
가루 **분**	뼈 **골**	부술 **쇄**	몸 **신**
粉	骨	碎	身

심화학습

《곽소옥전(霍小玉傳)》에 대해 좀 더 알아보기

'분골쇄신'이 들어간 나만의 문장 만들어보기

081. 비일비재 非一非再

중국어 발음 fēi yī fēi zài 페이-이-페이-짜이

뜻풀이 한두 번이 아니다.

의미 일이나 어떤 상황이 자주 많이 일어나는 것을 말하는 성어이다.

교과서 초등학교   출전 한국식 사자성어

非	一	非	再
아닐 **비**	한 **일**	아닐 **비**	두 **재**
非	一	非	再

심화학습

'비일비재'가 들어간 나만의 문장 만들어보기

'비일비재'와 유사한 뜻의 성어에 대해 알아보기

082. 사리사욕 私利私慾

중국어 발음 sī lì sī yú 쓰-리-쓰-위

뜻풀이 사사로운 이익과 사사로운 욕심.

의미 개인의 이익과 욕심을 나타내는 성어이다.

교과서 초등학교 4-1 국어연계   출전 일본식 성어

私	利	私	慾
사사로울 **사**	이로울 **리**	사사로울 **사**	욕심 **욕**
私	利	私	慾

심화학습

'사리사욕'이 들어간 나만의 문장 만들어보기

공직자의 청렴의무에 비추어볼 때, 공직자는 '사리사욕'을 어떻게 대하여야 하는지 의견을 적어보기

083. 사면초가 四面楚歌

중국어 발음 sì miàn chǔ gē 쓰-미앤-추-거

뜻풀이 사방에서 들리는 초나라 노래.

의미 사방이 (적에게) 둘러싸인, 누구의 도움도 받을 수 없는 외롭고 곤란한 상황, 처지를 나타내는 고사성어이다.

교과서 초등학교 6-1 국어연계 / 고등학교 한문 **출전** 《사기》〈항우본기〉

四	面	楚	歌
넉 **사**	얼굴 **면**	초나라 **초**	노래 **가**
四	面	楚	歌

심화학습

《사기》〈항우본기〉에서 '사면초가'가 유래된 일화를 찾아 요약하여 써보기

'사면초가'가 들어간 나만의 문장 만들어보기

084. 사문난적 斯文亂賊

중국어 발음 sī wén luàn zéi 쓰-원-루안-제이

뜻풀이 성리학의 교리와 사상을 어지럽히는 사람 또는 사상.

의미 고려와 조선시대 유교이념. 특히 성리학에 반대하는 사람, 또는 사상을 비난하고 공격하는 용어였다.

교과서 고등학교 한문   **출전** 한국식 사자성어로 추정

斯	文	亂	賊
이 **사**	글월 **문**	어지러울 **란**	도둑 **적**
斯	文	亂	賊

심화학습

'사문난적'이라는 말이 등장하게 된 역사적 배경을 간략히 써보기

'사문난적'이 들어간 나만의 문장 만들어보기

085. 사상누각 沙上樓閣

중국어 발음 shā shàng lóu gé 샤−샹−러우−거

뜻풀이 모래 위에 지은 누각(33쪽 '016 공중누각'과 동의어).

_____

의미 모래 위에 지은 집처럼 근거나 토대가 아주 없는 사물이나 생각을 비유하는 성어이다.

교과서 초등학교   출전 일본식 성어

沙	上	樓	閣
모래 **사**	위 **상**	다락 **루**	집 **각**
沙	上	樓	閣

심화학습

'사상누각'이 들어간 나만의 문장 만들어보기

'사상누각'과 유사한 뜻의 성어에 대해 알아보기

086. 사생결단 死生決斷

중국어 발음 sǐ shēng jué duàn 스−셩−쥐에−두안

뜻풀이 죽을 것이냐 살 것이냐를 두고 결단을 내리다.

의미 죽기를 각오로 굳게 마음을 먹는 경우를 비유하는 성어이다.

교과서 초등학교   출전 한국식 사자성어

死	生	決	斷
죽을 사	날 생	결단할 결	끊을 단
死	生	決	斷

심화학습

'사생결단'의 마음가짐이 가장 필요한 직업을 그 이유와 함께 써보기

'사생결단'이 들어간 나만의 문장 만들어보기

087. 사생취의 捨生取義

중국어 발음 shě shēng qǔ yì 스어-셩-취-이

뜻풀이 목숨을 버리고 의를 좇다.

의미 목숨을 버릴지언정 옳은 일을 한다는 뜻의 성어이다.

교과서 고등학교 한문   출전 《맹자(孟子)》

捨	生	取	義
버릴 **사**	날 **생**	가질 **취**	옳을 **의**
捨	生	取	義

심화학습

'사생취의'를 몸소 실천한 대한민국의 의인을 찾아 적어보기

'사생취의'가 들어간 나만의 문장 만들어보기

088. 사통팔달 四通八達

중국어 발음 sì tōng bā dá 쓰-통-빠-다

뜻풀이 사방으로 통하고 팔방으로 뚫리다.

의미 도로, 통신망, 교통망 등이 막힘없이 이러저리 다 통하는 것을 비유하는 성어이다.

교과서 중학교 한문   출전 《진서(晉書)》

四	通	八	達
넉 **사**	통할 **통**	여덟 **팔**	통달할 **달**
四	通	八	達

심화학습

대한민국에서 '사통팔달'이라고 할 수 있는 교통의 요충지들을 적어보기

'사통팔달"이 들어간 나만의 문장 만들어보기

089. 사필귀정 事必歸正

중국어 발음 shì bì guī zhèng 스-비-꾸이-쩡

뜻풀이 일은 반드시 옳은 이치로 돌아간다.

의미 모든 일은 순리대로 바른 제 길을 찾아가기 마련이라는 뜻의 성어이다.

교과서 초등학교 5-1 국어연계 / 중학교 한문   출전 불교 용어, 한국식 사자성어

事	必	歸	正
일 사	반드시 필	돌아갈 귀	바를 정
事	必	歸	正

심화학습

'사필귀정'을 통해 얻을 수 있는 교훈과 앞으로의 다짐을 짧게 써보기

'사필귀정'이 들어간 나만의 문장 만들어보기

090. 산전수전 山戰水戰

중국어 발음 shān zhàn shuǐ zhàn 샨-짠-쉐이-짠

뜻풀이 산에서 싸우고 물에서 싸우다.

의미 세상의 온갖 고생을 다 겪었거나, 온갖 경험이 많은 것을 가리키는 성어이다.

교과서 초등학교 5-1 국어연계   출전 한국식 사자성어

山	戰	水	戰
뫼 산	싸움 전	물 수	싸움 전
山	戰	水	戰

심화학습

'산전수전'이 들어간 나만의 문장 만들어보기

'산전수전'과 유사한 뜻의 성어에 대해 알아보기

091. 살신성인 殺身成仁

중국어 발음 shā shēn chéng rén 싸-션-청-런

뜻풀이 자신의 몸을 죽여 인(仁)을 이루다.

의미 자신의 몸을 희생하여 옳은 일을 행한다는 뜻의 성어이다.

교과서 초등학교 6학년 도덕연계 / 중학교 한문 **출전** 《논어》

殺	身	成	仁
죽일 **살**	몸 **신**	이룰 **성**	어질 **인**
殺	身	成	仁

심화학습

'살신성인'이 들어간 나만의 문장 만들어보기

'효(孝)'와 관련한 고사성어 알아보기

108

092. 삼고초려 三顧草廬

중국어 발음 sān gù cǎo lú 싼구-구-차오-루

뜻풀이 초가집을 세 번 찾다.

의미 인재를 얻기 위해 참을성 있게 정성을 다한다는 뜻의 성어이다.

교과서 고등학교 한문   출전《삼국지연의》

三	顧	草	廬
석 **삼**	돌아볼 **고**	풀 **초**	농막집 **려**
三	顧	草	廬

심화학습

인재의 중요성에 대한 본인의 생각을 '삼고초려'에 비유하여 써보기

'삼고초려'가 들어간 나만의 문장 만들어보기

093. 삼성오신 三省吾身

중국어 발음 sān shěng wú shēn 싼−성−우−션

뜻풀이 세 번(세 가지) 내 몸을 반성하다.

의미 늘 자신에게 잘못이 없는 지를 되돌아본다는 뜻의 성어이다.

교과서 중학교 한문 **출전**《논어》

三	省	吾	身
석 **삼**	살필 **성**	나 **오**	몸 **신**
三	省	吾	身

심화학습

《논어》〈학이〉 편에서 '삼성오신'이 등장한 부분의 구절을 찾고, 증자가 매일 반성하는 세 가지는 어떤 것인지 적어보기

매일 되돌아볼 세 가지 정해보기(나만의 '삼성오신' 만들어보기)

094. 삼인성호 三人成虎

중국어 발음 sān rén chéng hǔ 싼-런-청-후

뜻풀이 세 사람이 모이면 호랑이도 만든다.

의미 근거 없는 말이나 거짓말이라도 여러 사람이 같은 말을 하면 곧이 듣게 된다는 뜻의
     성어이다.

교과서 고등학교 한문   출전 《전국책》

三	人	成	虎
석 삼	사람 인	이룰 성	범 호
三	人	成	虎

심화학습

현실의 어떤 상황을 '삼인성호'에 비유할 수 있을지 생각해보기

'삼인성호'가 들어간 나만의 문장 만들어보기

새우와 고래가 함께 숨 쉬는 바다

교과서에 나오는
고사성어故事成語
익힘책 1(ㄱ~ㅅ)

엮은이 | 김광남
펴낸이 | 황인원
펴낸곳 | 도서출판 창해

신고번호 | 제2019-000317호

초판 1쇄 인쇄 | 2025년 04월 22일
초판 1쇄 발행 | 2025년 04월 29일

우편번호 | 04037
주소 | 서울특별시 마포구 양화로 59, 601호(서교동)
전화 | (02)322-3333(代)
팩스 | (02)333-5678
E-mail | dachawon@daum.net

ISBN | 979-11-7174-037-6 (14190)
ISBN | 979-11-7174-036-9 (전3권)

값 · 16,800원

Publishing Club Dachawon(多次元)
창해·다차원북스·나마스테